N° 1er.

Propriété
DE
L'AUTEUR.

NOUVELLE CITOLÉGIE DES ÉCOLES PRIMAIRES,
MÉTHODE PERFECTIONNÉE DE LECTURE.

P. DEFRANCE,
INSTITUTEUR
A Pure, près Carignan
(Ardennes).

ÉTUDE DES LETTRES MINUSCULES.

NOTA. Au commencement, on ne devra jamais montrer dans une leçon qu'une seule ligne de lettres, et l'on y restera jusqu'à ce que tous les élèves du groupe, ou au moins le plus grand nombre, la connaissent bien. A chaque leçon subséquente, on aura soin de revoir ce qui a été étudié précédemment.

VOYELLES.

a i o

i e o u a y *(i grec).*

a e i o u y

CONSONNES.

Faites nommer ces lettres suivant la nouvelle appellation : *be, que, de, fe,* excepté *h, k, qu,* que nous nommons *ache, ca, cù,* à l'exemple de Peigné, auteur très-connu et très-suivi

b c d

f d g h c b

j h k f l g

m l j n k p

qu n r p s m

t s v qu x r

z t x v

ALPHABET.

a b c d e f g h i j k l m

n o p q r s t u v x y z

AVIS IMPORTANT. — Aussitôt que les enfants connaissent ce tableau, il convient de leur mettre entre les mains notre *Petit Manuel de Lecture*, extrait de la *Nouvelle Citolégie*, volume in-18, dont le prix est fixé à 10 c. l'exemplaire, soit 90 centimes la douzaine. Ce petit livre leur permettra de revoir en particulier, soit à l'école, soit chez leurs parents, les leçons apprises en classe : ce qui contribuera puissamment à leurs progrès.

Mézières, Typographie F. Devin, rue du Château.

Propriété DE L'AUTEUR.

NOUVELLE CITOLÉGIE DES ÉCOLES PRIMAIRES,
MÉTHODE PERFECTIONNÉE DE LECTURE.

P. DEFRANCE, INSTITUTEUR A Pure, près Carignan (Ardennes).

Syllabes *simples* formées d'éléments *monogrammes.*

Observation sur les deux premiers exercices. — On remarquera d'abord que tous les mots sont disposés sur deux lignes réunies par une accolade ; la première ligne contient les *lettres* ou *éléments* des syllabes, et la seconde, les *mots* divisés en syllabes. L'étude de chaque ligne de mots doit commencer par celle des éléments, laquelle se réduit à un exercice de récapitulation sur les caractères appris dans le premier tableau. On fera ensuite épeler un mot à chaque élève du groupe, de cette manière : *f a fa, l a la, m a ma ;...... d a da, d a da, dada ; p a pa, p a pu, papa,* etc... Quand les élèves sauront bien épeler tous les mots d'une ligne, on leur fera lire ces mots autant de fois qu'il sera nécessaire, pour que tous les élèves les sachent parfaitement. — On passera ensuite à l'étude de la deuxième ligne de mots, puis successivement à toutes les autres, en procédant sur chacune comme sur la première. — On n'oubliera pas de faire relire très-souvent et surtout au commencement de chaque leçon, les mots déjà étudiés, d'abord en suivant les lignes, puis par colonnes de haut en bas et de bas en haut, enfin sans suivre aucun ordre. — Cette observation, qui est comme la clef de notre méthode, s'applique plus ou moins aux tableaux suivants, mais principalement au 4e, au 6e et au 8e.

PREMIER EXERCICE.

f a — l a — m a — s a — t a — v a — d a d a — p a p a — g a l a — s a r a
fa, la, ma, sa, ta, va, da da, pa pa, ga la, sa ra,

d e — j e — l e — m e — n e — s e — t e — c a n e — b a v e — l a m e
de, je, le, me, ne, se, te, ca ne, ba ve, la me,

f i — m i — n i — r i — s i — m i d i — f i f i — d e m i — p a r i
fi, mi, ni, ri, si, mi di, fi fi, de mi, pa ri,

d o — b o b o — c o c o — s o l o — l o t o — c o m a — s i l o — r o b e
do, bo bo, co co, so lo, lo to, co ma, si lo, ro be,

b u — d u — n u — p u — s u — t u — v u — l u n e — m u l e — v e l u
bu, du, nu, pu, su, tu, vu, lu ne, mu le, ve lu,

Faites remarquer les différentes sortes d'e.

d é — l é — n é — r é — t é — r e n é — c u r é — c a f é — t a x é
dé, lé, né, ré, té, re né, cu ré, ca fé, ta xé,

z é r o — p a v é — p è r e — m è r e — z è l e — p o l i — s é v è r e
zé ro, pa vé, pè re, mè re, zè le, po li, sé vè re,

DEUXIÈME EXERCICE.

Voyelles longues : â, ê, î, ô, û, ie, ue.

p â t é — r â p é — b ê t e — r ê v e — d î n é — t ô l e — c ô t é
pâ té, râ pé, bê te, rê ve, dî né, tô le, cô té,

l ie — p ie — v ie — c o p ie — m a r ie — n u e — r u e — v u e — m o r u e — m a s s u e
lie, pie, vie, co pie, ma rie, nue, rue, vue, mo rue, ma ssue

h a — h é — h o — h ie — h u e — h o l à — c o h u e — t ê t u — h u t t e
ha, hé, ho, hie, hue, ho là, co hue, tê tu, hu tte,

c a r r é — h u p p é — b a l l e — h o m m e — t a s s e — l u x e — c o s s u
ca rré, hu ppé, ba lle, ho mme, ta sse, lu xe, co ssu,

b é n i — k é p i — k i l o — c o k e — j u r y — l y r e — t y p e
bé ni, ké pi, ki lo, co ke, ju ry, ly re, ty pe.

TROISIÈME EXERCICE.

Cet exercice contient presque exclusivement les mots appris dans les deux précédents : il a pour but d'exciter l'attention de l'élève, parce que les syllabes ne sont plus séparées, et que ces mots lui sont présentés dans un autre ordre.

ma.	se.	hé.	vie.	tu.	bave.	robe.	café.	balle.	marie.
la.	de.	fée.	hie.	nue.	cane.	coco	zéro.	homme.	copie.
sa.	le.	fi.	bu.	rue.	lame.	loto.	père.	huppé.	massue.
va.	ne.	si.	lu.	vue.	fifi.	silo.	zèle.	kilo.	morue.
fa.	te	ni.	pu.	mue.	midi.	lune.	pâté.	képi.	cohue.
ta.	té	ri.	vu.	hue.	pari.	velu.	bête.	lyre.	moka.
ha.	né	mi.	du.	papa.	demi.	mule.	tôle.	béni.	écu.
dà.	lé	mie.	su.	dada.	bobo.	curé.	holà.	coke.	épée.
je.	ré	lie.	nu.	gala.	solo.	taxé.	luxe.	type.	olive.
me.	dé	pie.	ru.	sara.	coma.	pavé.	tasse.	jury.	sévère.

Nota. Le besoin de varier les syllabes et d'y faire entrer tous les caractères de l'alphabet, explique la présence, dans ce tableau et dans les suivants, de quelques mots peu usités, et par conséquent peu connus des enfants. D'ailleurs le nombre des termes français connus de ceux à qui sont destinés ces exercices étant extrêmement borné, il serait tout-à-fait impossible de les apprendre à lire avec les seuls mots qui leur sont familiers.

NOUVELLE CITOLÉGIE DES ÉCOLES PRIMAIRES,
MÉTHODE PERFECTIONNÉE DE LECTURE.

P. DEFRANCE,
INSTITUTEUR
A Pure, près Carignan
(Ardennes).

Syllabes *simples* formées d'éléments *monogrammes.*

PREMIER EXERCICE.

a   e   é   è   i   o   u   y
â   »   »   ê   î   ô   û   .
b   c   d   f   g   h   j   k   l   m
n   p   qu   r   s   t   v   x   z.

NOTA. — Quoique les syllabes de chaque mot ne soient point séparées, il importe que l'apprenti-lecteur les prononce toutes très-distinctement, même les syllabes muettes qui terminent les mots, jusqu'à ce qu'il soit en état de lire couramment.

curé, dîné, mari, pâté, zèle, holà, hure, côté, rêve, luxe, jury, dodu, jaco, lavé, salé, gaze, kilo, coke, jetée, purée, mêlée, capote, tulipe, bobine, bécasse, barême, comète, solive, maxime, pâture, écurie, rêverie, avenue, -- une fée, la cave, du café, la revue, une rixe, le bitume, une olive, ma pomme, ta salive, sa parure, la vérité, de la salade, du rôti, une balle, la hotte, une fève, la divinité, la matinée, une hottée, de la morue, une étape, la maladie, le légume, le polygone, la mélasse, de la levure, la témérité, le canapé, la figure, de la farine.

DEUXIÈME EXERCICE.

la parole divine; la robe sale; le café moka; le père honoré; la matinée humide; la vanité ridicule; le joli canari; la taxe élevée; le remède utile; l'ami zélé; une jolie figure; le mari fidèle; l'âne têtu; le revenu fixe; la pipe de papa; la fête de ma mère; la sévérité du jury; la saleté de la rue; la massue de mérovée; l'étude de la nature; la solidité du cône; la ville de gaza; le type de l'avare; la durée d'une étoffe; la libéralité du curé; la timidité de l'élève; une tasse de limonade; la pureté de l'âme; la fumée de la locomotive; le volume de la pyramide.

TROISIÈME EXERCICE.

je dîne à midi. -- anatole a vu la lune. -- émile a été malade samedi. -- jérôme sera puni de sa témérité. -- la petite vitaline a sali sa robe. -- marie a bu du café. -- sara ira à la fête. -- la divinité bénira l'ami de la vérité. -- julie lavera sa figure. -- maxime a ri à l'école. -- caroline évite la colère. -- tobie a donné sa gomme à éléonore. -- vénère ta bonne mère. -- adore la divinité. -- remi m'a paru malade. -- le père de fifi le punira. -- la libéralité du curé sera imitée. -- rené a tué le joli canari de nicole. -- le jury a voté à l'unanimité. -- l'élève têtu a été puni. -- adèle a avalé la pilule dorée. -- la petite lina sera fidèle à sa bonne mère. -- la farine sera rare. -- papa dira la vérité. -- la divinité a puni la sotte vanité. -- fi de la saleté ! -- va à la cave. -- lève la tête. -- la comédie fera rire. -- modère ta colère.

Mézières, Typographie F. Devin, rue du Château.

Propriété
DE
L'AUTEUR.

NOUVELLE CITOLÉGIE DES ÉCOLES PRIMAIRES,
MÉTHODE PERFECTIONNÉE DE LECTURE.

P. DEFRANCE,
INSTITUTEUR
A Pure, près Carignan
(Ardennes).

Syllabes *simples* formées de sons et d'articulations *polygrammes.*

Observation sur le 1ᵉʳ et le 2ᵉ exercice. — Pour ces deux exercices, on procède par lignes de mots. A chaque ligne de mots, laquelle est indiquée par une accolade, il faut appeler l'attention des élèves sur l'élément ou les éléments nouveaux placés en marge. La manière dont ils sont disposés indique comment on doit les étudier. Ainsi le *qu* placé en marge vis-à-vis de la première accolade signifie qu'il faut d'abord montrer cet élément aux élèves, puis leur faire épeler et lire tous les mots placés en regard, en suivant la marche indiquée au 2ᵉ tableau; les éléments *ch*, *gn*, placés à gauche de la 2ᵉ accolade, signifient qu'il faut d'abord les faire connaître aux élèves, puis leur faire épeler et lire les mots placés à droite, en procédant comme pour la ligne précédente.

PREMIER EXERCICE.

qu.
que qui nu que pi qué quê te qua li té li qui de
que, qui, nu que, pi qué, quê te, qua li té, li qui de,

ch, gn.
ch a chi che chu cho té règne ligne re chi gné
cha, chi che, chu cho té, rè gne, ligne, re chi gné,

ill, ph.
pa ill e pa illa sse phare pho que co ry ph ée
pa ille, pa illa sse, pha re, pho que, co ry phée,

eu, œu.
feu jeu v œu qu eue meu l e jeu di f eu ill e
feu, jeu, vœu, queue, meu le, jeu di, feu ille,

ou.
c ou f ou m ou ch ou ma t ou p ou p ée b ou ill i
cou, fou, mou, chou, ma tou, pou pée, bou illi,

oi.
c oi f oi l oi m oi t oi s oi qu oi t oi l e s oi gn é
coi, foi, loi, moi, toi, soi, quoi, toi le, soi gné,

DEUXIÈME EXERCICE.

an, am.
b an d am ma m an t an ch e l am p e b am b ou
ban, dam, ma man, tan che, lam pe, bam bou,

in, im.
yn, ym.
f in l in v in d in de l im b e syn ta xe n ym ph e
fin, lin, vin, din de, lim be, syn ta xe, nym phe,

on, om.
b on m on t on s on pin s on si ph on p om p on
bon, mon, ton, son, pin son, si phon, pom pon,

un, eun.
d un j eun l un d i cha c un me l un co mm un
dun, jeun, lun di, cha cun, me lun, co mmun,

b ou ch on ch e m in n an k in chi gn on b ou ill on
bou chon, che min, nan kin, chi gnon, bou illon,

TROISIÈME EXERCICE.

qui.	mou.	toi.	vin.	chiche.	meule.	limbe.	bouchon.	nuque.
que.	boue.	voie.	lin.	châle.	feuille.	dinde.	tympan.	courroie.
quoi.	houe.	foie.	bon.	règne.	poupée.	nymphe.	chemin.	liquide.
feu.	joue.	soie.	ton.	chêne.	matou.	pinson.	chignon.	qualité.
peu.	moue.	joie.	mon.	ligne.	rouillé.	pompon.	nankin.	chuchoté.
jeu.	roue.	ban.	son.	cognée.	bouilli.	siphon.	jambon.	coryphée.
queue.	coi.	tan.	don.	paille.	soigné.	tombe.	requin.	paillasse.
vœu.	roi.	pan.	non.	caillé.	toile.	lundi.	bouillon.	syntaxe.
cou.	loi.	dam.	jeun.	phare.	tanche.	melun.	quanquan.	dimanche.
chou.	moi.	van.	dun.	phoque.	maman.	commun.	quête.	rechigné.
sou.	foi.	fin.	cha.	cheveu.	bambou.	chacun.	piqué.	feuilleton.
fou.	soi.	pin.	chu.	jeudi.	lampe.	loudun.	chanson.	charité.

Mézières, Typographie F. Devin, rue du Château.

Propriété DE L'AUTEUR.

NOUVELLE CITOLÉGIE DES ÉCOLES PRIMAIRES,
MÉTHODE PERFECTIONNÉE DE LECTURE.

P. DEFRANCE, INSTITUTEUR, A Pure, près Carignan (Ardennes).

Syllabes *simples* formées de sons et d'articulations *polygrammes*.

PREMIER EXERCICE.

a b c d e é è f g h i j k l m n o p qu
r s t u v x y z. — ch ph gn ill.
eu ou oi an in on un.

rondin, rouille, onze, douze, quinze, tampon, tyran, samson, imbu, dandy, quidam, boîte, veuve, koran, alun, châle, bouche, foire, hibou, jeune, neveu, fouillé, mousse, soirée, toupie, faquin, roche, caillou, demeure, gazon, mouton, poulie, moulin, rognon, chyle, beurre, boisson, roman, chanson, banque, poupon, paroi, charrue,

sopha, fanchon, bouquin, charroi, médaille, andouille, tambourin, baraque, impoli, pignon, compère, timbale, évêque, mémoire, syncope, symbole, rognure, vigneron, quiconque, moucheron, compagne, paillasson, pantalon, coquille, papillon, bouvillon, épitaphe, philomèle, équinoxe, sycophante, hochequeue, équivoque, macadam.

DEUXIÈME EXERCICE.

En commençant l'étude des mots *dieu, lion, juin, foin, viande*, et autres analogues, on les fera prononcer d'abord un peu plus lentement qu'on ne le fait habituellement : *di-eu, li-on, ju-in, fo-in, vi-ande* ; l'élève répètera chacun de ces mots plusieurs fois de suite en allant de plus en plus vite, jusqu'à ce qu'il les prononce convenablement, et l'on se convaincra que l'étude de ces mots n'est pas aussi difficile qu'elle le paraît. D'ailleurs ils sont groupés de manière à ce que l'élève puisse remarquer les analogies qui existent entre eux : ce qui en facilite beaucoup l'étude.

dieu, lieu, pieu, adieu, milieu ; — lion, pion, lampion, union, communion ; — juin, foin, loin, coin, recoin ; — copié, piété, piéton ; — lié, délié, moitié ; — diète, bière, rivière, soupière, manière, lumière ; - tuile, huile, suite, étui ;- pioché, violon, fiole, piano, viatique, viande, anxiété, onzième, douzième, quinzième.

un dimanche, un satyre, un phénomène, une courroie, la commission, la soumission ; mon joli lapin ; l'ognon gâté ; le bon dieu ; une voie sûre ; la joue rubiconde ; la quête abondante ; de la viande noire ; une joie éphémère ; la hache du

bûcheron ; la boue du chemin ; une robe de soie ; le son de la lyre ; un pantalon de nankin ; la moitié d'une pomme ; la roue du moulin ; la suie de la cheminée ; le manche de la quenouille ; le dé de la couturière ; le poisson de la rivière ; le képi du fantassin ; la boutique du charron ; le foie du cochon ; la taille de la vigne ; la feuille du chêne ; le feu du caillou ; le règne de néron ; la dignité du curé ; le péché d'adam ; la chevelure de samson ; le type de la médaille ; la fête de l'épiphanie ; le vœu de ma feue tante ; une étoile fixe ; le jupon piqué de maman ; le quinze juin.

TROISIÈME EXERCICE.

simon pêchera à la ligne. — antoine conduira maximin à la voiture. — le bon dieu me punira si je cache la vérité. — la viande de robinson cuira vite. — le moulin de léon sera démoli. — le jeune antonin a soin de sa chère maman. — lundi matin le bûcheron coupera le sapin de ma tante léontine. — hippolyte a taillé ma vigne. — on fera une route neuve. — la rivière coule.

— chante-moi une chanson ou un cantique. — jeudi on a tué le dindon de taxile. — le mahométan vénère le koran. — voilà un pignon que le père de philippe a bâti l'an passé. — maman a acheté du beurre à la foire. — que dira mon père si je le quitte ? — sa bonté me touche. — séraphine a écouté la parole de dieu. — qui a bu boira.

Mézières, Typographie F. Devin, rue du Château.

Propriété
DE
L'AUTEUR.

P. DEFRANCE,
INSTITUTEUR
A Pure, près Carignan
(Ardennes).

NOUVELLE CITOLÉGIE DES ÉCOLES PRIMAIRES,
MÉTHODE PERFECTIONNÉE DE LECTURE.

Syllabes composées (1re classe), résultant de la réunion d'une *syllabe simple* et d'une *consonne qui la suit.*

PREMIER EXERCICE,

Pour l'étude de cet exercice, on suivra la marche indiquée en tête du deuxième tableau. Inutile de répéter qu'on procède par lignes de mots, et que l'étude des éléments doit toujours précéder l'épellation. Pour épeler les mots *bac, pic, bal, actif,* on dira : *ba c bac ; pi c pic ; ba l bal ; a c ac, ti f tif, actif.*

ba c   la c   sa c   pi c   ro c   su c   ba l   ca l   ba r   cha r   vi s   li s

bac, lac, sac, pic, roc, suc, bal, cal, bar, char, vis, lis,

bo l   co l   fi l   vi l   co r   ti r   mu r   su r   don c   zin c   bou c   jou g

bol, col, fil, vil, cor, tir, mur, sur, donc, zinc, bouc, joug,

poi l   seu l   neu f   fou r   peu r   noi r   soi f   as   if   il   or   u t

poil, seul, neuf, four, peur, noir, soif, as, if, il, or, ut,

ac tif   ar gu s   ab sur de   ob te nir   ir ma   ur ne   œu f

ac tif, ar gus, ab sur de, ob te nir, ir ma, ur ne, œuf,

ar ch e   mor fi l   b on soi r   t am bou r   ma s tic   ou r di r   ga z

ar che, mor fil, bon soir, tam bour, mas tic, our dir, gaz.

DEUXIÈME EXERCICE.

Cet exercice est formé presque exclusivement de monosyllabes, disposés par groupes de mots offrant entr'eux quelque ressemblance de forme ou de prononciation. Cette disposition en rend l'étude extrêmement facile ; mais ce qui double l'importance de cet exercice, c'est qu'il contient à peu près toutes les syllabes qui feront la matière des quatre exercices qui le suivent.

bac.	donc.	fil.	tir.	peur.	bœuf.	hélas.	contour.
lac.	zinc.	mil.	mur.	cœur.	veuf.	mastic.	tambour.
sac.	bouc.	vil.	pur.	sœur.	neuf.	argus.	pourtour.
pic.	joug.	poil.	sur.	soir.	nef.	motus.	arche.
tic.	ut.	seul.	car.	noir.	chef.	miris.	ortie.
roc.	bal.	bel.	char.	voir.	if.	vapeur.	opté.
choc.	cal.	tel.	var.	cher.	vif.	lavoir.	irma.
soc.	mal.	sel.	par.	fer.	actif.	bonsoir.	urne.
coq.	bol.	as.	gaz.	mer.	esquif.	fermoir.	ourdir.
suc.	col.	lis.	pour.	ver.	bémol.	vertu.	personne.
luc.	mol.	vis.	four.	soif.	nouvel.	cheval.	verdure.
duc	sol.	or.	cour.	suif.	pastel.	morfil.	tartine.
bec.	vol.	cor.	tour.	juif.	mortel.	charbon.	arsenic.
sec.	il.	for.	leur.	œuf.	aspic.	tic-tac.	absurde.

TROISIÈME EXERCICE.

signal.	couleur.	martyr.	motif.	conversion.	hôpital.
chacal.	odeur.	lavoir.	massif.	permission.	maréchal.
bocal.	faveur.	tiroir.	chétif.	vermillon.	capital.
journal.	majeur.	mouchoir.	phénix.	belvéder.	cardinal.
pascal.	porteur.	dortoir.	zigzag.	manuel.	morphine.
hôtel.	tourneur.	cordon.	sermon.	convulsion.	mérinos.
michel.	castor.	pardon	perche.	tourbillon.	ascalon.
mortel.	punir.	jardin.	serviteur.	charmille.	obtenir.
calcul.	soupir.	tocsin.	servante.	putiphar.	parcourir.
filleul.	sortir.	juif.	mercure.	médiateur.	quatorze.
tilleul.	partir.	canif.	fermière.	épagneul.	archevêque.

Mézières, Typographie F. Devin, rue du Château.

Propriété DE L'AUTEUR.

NOUVELLE CITOLÉGIE DES ÉCOLES PRIMAIRES,
MÉTHODE PERFECTIONNÉE DE LECTURE.

P. DEFRANCE, INSTITUTEUR, A Pure, près Carignan (Ardennes).

Syllabes composées (1ʳᵉ classe), résultant de la réunion d'une *syllabe simple* et d'une *consonne qui la suit*.

PREMIER EXERCICE.

balcon, motif, chardon, surnom, kilo, détour, sapeur, tailleur, facteur, docteur, hier, poussif, partir, persan, portée, polka, fichu, pavé, zéro, danseur, bonté, hardi, hachoir, tombe, jambon, phénix, phébus, barque, tampon, kiosque, myrte, charpie, tournoi, tournesol, laboureur, convulsion, pavillon, colonel, souvenir, marmiton, conversion, manuel, berline, maladif, dunkerque, laxatif, qualité, permission, importun, ampoule, épagneul, faculté, campagne, porphyre, phosphore, garde-feu, courte-pointe, cavalcade, synoptique, architecte, équivoque, saltimbanque.

DEUXIÈME EXERCICE.

le cheval borgne; un bel homme; la personne savante; la ferme éloignée; le chef habile; le jury médical; le cœur pur; une époque fixe; une attaque nocturne; l'animal amphibie; le bon tambour-major; la soif de l'or; une torche de paille; l'amour de dieu; la queue du bœuf; l'œuf de la poule; le jour de la fête; la cour du roi pharaon; l'hôtel de l'ambassadeur; le mardi du carnaval; un kilo de fil; le cuir du tanneur; l'arche de noé; la harpe de david; la palme du martyr; le chemin de fer; la carpe du canal; la serpe du bûcheron; la masse énorme de la pyramide; le caporal de garde; une tartine de miel; le fiel du poisson; la fertilité du sol; l'odeur du parfum; l'axe de la terre; * la nouvelle de la victoire; le cordon de la sonnette; la belle conduite de l'armée espagnole; la venue du messie; servir la messe; sortir d'erreur; fuir la paresse; avoir une querelle avec son ennemi; vouloir la vie à bon marché; avoir la vue fixée sur quelqu'un.

* Faites remarquer à l'élève que l'e suivi d'une consonne double a le son de l'é ouvert.

TROISIÈME EXERCICE.

arsène a fini son devoir. — la tortue a gagné le pari. — le sel conserve la viande. — anselme a perdu sa bourse. — chacun a sa manière de voir. — le bon dieu bénira la vertu de firmin. — ajax a mordu philippe à la jambe. — la roue du moulin tourne vite. — gustave taillera la pierre avec dominique. — martin a cassé le canif du caporal de garde. — michel a porté le poil du lapin à son ami victor. — le myope a la vue courte. — le rossignol chante le retour du jour. — samuel a consulté dieu. — la soie sera chère. — on va servir le rôti. — jeudi ou dimanche, adolphe ira à verdun. — sycophante signifie fourbe, imposteur. — la pelle se moque du fourgon. — le journal du soir sera lu avec avidité. — ernestine va partir pour sedan. — mon neveu alphonse mouchera la chandelle. — ma sœur sophie a été à la messe. — la joie de paul sera de courte durée. — une bonne mère se dévoue pour sa famille. — mon ami nestor a acheté un joli tilbury. — le moissonneur a gagné une bonne journée. — la digne sœur de charité ne consulte que son bon cœur. — le hardi voleur qu'on a arrêté hier, ne cherche qu'à fuir. — lundi ou mardi, victorine a vu le joli mouton noir de lubin; quelle joie pour elle de voir un si bel animal! — le matin dure jusqu'à midi, qui forme le milieu du jour. — à la fin du monde, l'iniquité règnera sur la terre.

Mézières, Typographie F. Devin, rue du Château.

Propriété
DE
L'AUTEUR.

P. DEFRANCE,
INSTITUTEUR
À Pure, près Carignan
(Ardennes).

NOUVELLE CITOLÉGIE DES ÉCOLES PRIMAIRES,
MÉTHODE PERFECTIONNÉE DE LECTURE.

Syllabes composées (2ᵉ classe), résultant de la réunion d'une *syllabe simple* et d'une *consonne qui la précède.*

PREMIER EXERCICE.

Cet exercice n'offre rien de difficile si l'on a bien saisi la marche indiquée aux tableaux portant les numéros 2, 4 et 6. Par exemple, pour épeler les mots *blé, pli, règle, cloche,* on dira: *b lé blé; p li pli; r è rè, g le gle, règle; c lo clo, ch e che, cloche.* Mais il ne faut pas oublier que l'étude des éléments doit toujours précéder l'épellation.

b lé   c lé   g lu   p li   r è g le   f a b le   c lo che   g la né   p la que

blé, clé, glu, pli, rè gle, fa ble, clo che, gla né, pla que,

b leu   c lin   c lou   p lan   g lan de   f leu ve   dé c lin   p lom b é

bleu, clin, clou, plan, glan de, fleu ve, dé clin, plom bé,

b ru   c ri   g ré   p ré   b ra ve   ca d re   pra ti qu e   ch è v re

bru, cri, gré, pré, bra ve, ca dre, pra ti qu e, chè vre,

b rin   b run   c ran   t rou   b rou   c roù te   g ou d ron   g ron d é

brin, brun, cran, trou, brou, croù te, gou dron, gron dé,

p lu m ée   p lâ t re   t rin g le   t ri p lé   g lou t on   pro b lè m e

plu mée, plâ tre, trin gle, tri plé, glou ton, pro blè me.

DEUXIÈME EXERCICE.

blé.	clou.	gré.	règle.	grondé.	chèvre.	glouglou.
bleu.	cran.	brou.	glané.	brave.	crampon.	poltron.
bru.	cri.	trou.	glande.	cadre.	fleuve.	timbre.
brin.	cru.	flan.	glouton.	goudron.	tringle.	criblé.
brun.	pli.	cloche.	plaque.	croûte.	triplé.	problème.
clé.	plan.	plumée.	plombé.	malgré.	troublé.	pratique.
clin.	pré.	plâtre.	déclin.	troupe.	brouté.	agréable.

TROISIÈME EXERCICE.

hâblé.	tondre.	chèvre.	trèfle.	ombrelle.	problème.
criblé.	brique.	chagrin.	crampon.	concombre.	prunelle.
sabre.	timbre.	plombé.	humble.	vignoble.	clocheton.
sabreur.	flèche.	grappe.	grief.	brouette.	sablière.
table.	écrou.	marbre.	trictrac.	promesse.	patrouille.
blanchir.	tringle.	poltron.	brouillon.	prytanée.	respectable.
pressoir.	plantoir.	plaque.	effronté.	prophète.	kilomètre.
flotte.	blancheur.	franchir.	fluvial.	afrique.	télégraphe.
glissé.	grandir.	trophée.	fleuriste.	épingle.	impraticable.

a b c d e f g h i j k l m

n o p q r s t u v x y z.

Mézières, Typographie F. Devin, rue du Château.

1267 (8)

Propriété
DE
L'AUTEUR.

NOUVELLE CITOLÉGIE DES ÉCOLES PRIMAIRES,
MÉTHODE PERFECTIONNÉE DE LECTURE.

P. DEFRANCE,
INSTITUTEUR
A Pure, près Carignan
(Ardennes).

Syllabes composées (2ᵉ classe), résultant de la réunion d'une *syllabe simple* et d'une *consonne qui la précède.*

PREMIER EXERCICE.

un cadran, le meuble, l'ongle, un brouillon, mon prénom, le trafic, l'œuvre, une sangle, une grue, l'effroi, un groupe, le fleuve, un chou-fleur, l'esclave, ta serpette, sa planchette, le tabernacle, une étable, ma pantoufle, de la réglisse, un prophète, une breloque, la sobriété, l'assiette, un manœuvre, une grenouille, l'architecte, le tribunal, ma cravate, sa bretelle, un triangle, du camphre, un parapluie, une truelle, la fenêtre, une crémone, un crocodile, une trompette, le croupion, le triomphe, la crémaillère, une belle-mère, l'être suprême, le chèvre-feuille, l'imprimerie, l'épigraphe, la photographie, ma complexion,* une grande perplexité, sa dextérité, son extrême bonté, la branche flexible, une expression correcte, une offrande expiatoire, un mystère adorable, un zèle hypocrite.

* Faites remarquer à l'élève que l'e suivi d'un x se prononce comme l'é ouvert.

DEUXIÈME EXERCICE.

le brave invalide ; la plume blanche ; un cadran bleu ; une allumette chimique ; la pyramide tronquée ; un livre hébreu ; la loi sur la presse ; le souffle divin ; le frère trappiste ; le cheval efflanqué ; le burin du graveur ; l'aveu du coupable ; l'écriture alphabétique ; un châle brun ; le télégraphe électrique ; un kilogramme de viande ; un litre de bière ; le cri de la chèvre ; une brique de savon ; un flacon d'élixir ; la crosse de l'évêque ; une tête d'épingle ; le tilbury de mon oncle ; une marchande de bric-à-brac ; la fenêtre de la chambre ; la gloire de salomon ; la crue d'un arbre ; le prêtre charitable ; un décalitre de blé ; la fièvre typhoïde ; ** la gravure de la médaille ; la livrée impériale ; la chapelle du louvre ; le cratère du volcan ; une fleur printanière ; la prière humble ; la boisson troublée ; le crin de la brosse ; une cravate de soie ; l'ombre du chêne ; une question complexe ; une plante textile ; une personne vexée ; être à l'extrémité ; avoir de l'expansion ; vouloir l'impossible ; perdre l'équilibre ; servir sa patrie ; être à jeun ; recoudre sa casquette ; mettre une carpe à l'étuvée ; écrire une lettre à son ami ; être dévoué à quelqu'un.

** Dites à l'élève que toute voyelle surmontée du tréma se prononce séparément de celle qui précède, et rappelez-le lui chaque fois que l'occasion se présentera.

TROISIÈME EXERCICE.

dieu a écouté la prière du prêtre. -- le nom d'alexandre, que personne n'ignore, passera à la dernière postérité. -- ton frère andré a grimpé sur la muraille de notre jardin pour avoir une prune. -- ma petite sœur sera grondée. -- on frappe à la porte. -- fi de l'ivrognerie, passion tyrannique qui dégrade l'homme. -- mon oncle a un clou à la joue droite. -- dieu bénira le protecteur de l'orphelin. -- gabriel fera sa première communion le quatre ou le huit octobre. -- l'effilé que frédérique a acheté mercredi à la foire, lui a coûté cher. -- toute ma vie, la mémoire de notre respectable aïeul sera chère à mon cœur. -- l'acrobate a traversé le fleuve, monté sur une simple corde. -- la femelle du cochon s'appelle truie. -- le moqueur sera moqué à son tour. -- telle vie, telle fin : voilà un proverbe. -- chaque jour, philomène prie dieu avec pitié, à la grande joie de son digne père. -- votre jeune frère sera un bon travailleur. -- la sécheresse a nui à notre fertile contrée. -- antoinette a admiré la naïveté de ma tante adélaïde. -- chacun vante l'adresse si rare de notre tambour-major. -- le chemin de fer traverse notre chef-lieu de canton. -- le sucre non raffiné se nomme cassonnade. -- l'élève étourdi a été taxé pour son devoir malpropre. -- caïn a tué son frère abel : il a été puni de son crime épouvantable. -- je préfère l'utile à l'agréable. -- le tyran, qui opprime son peuple, sera puni de l'éternel.

Mézières, Typographie F. Devin, rue du Château.

NOUVELLE CITOLÉGIE DES ÉCOLES PRIMAIRES,
MÉTHODE PERFECTIONNÉE DE LECTURE.

P. DEFRANCE,
INSTITUTEUR
A Pure, près Carignan
(Ardennes).

Signes équivalents.

La première partie de ce tableau fera l'objet de cinq leçons, correspondant aux chiffres placés en marge vis-à-vis du premier mot de chacune. Le *résumé*, formant la seconde partie, sera la matière d'une ou de plusieurs leçons, selon le degré de force et d'aptitude des élèves. Au commencement et à la fin de chaque leçon, il est indispensable de faire revoir aux élèves les difficultés qu'ils ont étudiées précédemment.

1. au a la valeur de **ô** dans : *au*be, aucun, autel, faute, dauphin, aumône, chaussette, taupinière.

eau - **ô** - *eau*-de-vie, beauté, fourneau, tableau, hameau, troupeau.

y - **i i** - no*y*é, noyon, boyau, tuyau, moyen, loyal, royaume, bruyère.

en - **an** - *en*tendre, pendu, pension, vente, ennui, patente, dimension.

em - **an** - *em*pire, empouille, empyrée, employé, température.

2. ei - **è** - p*ei*ne, seigneur, meilleur, haleine, bouteille, corbeille.

ai - **è** - *ai*de, taire, haine, plaine, rayon, crayon, rainette, salaire.

et - **é** - toi *et* lui, godet, mollet, soufflet, préfet, cabaret, serpolet.

ein - **in** - s*ein*, rein, peintre, dessein, chanfrein, éreinté, peinture.

ain - **in** - b*ain*, gain, main, grain, malsain, prochain, complainte.

aim - **in** - d*aim*, faim, étaim, essaim, paimbœuf ; -- terrain, souverain.

3. e - **a** - femme, hennir, solennel, solennité ; -- emporté, tension.

ez - **é** - nez, assez, marchez, courez, sautez, sonnez, rez-de-chaussée.

er - **é** - roch*er*, cocher, noyer, dîner, souper, boucher, plancher.

en - **in** - bi*en*, chien, lien, rien, le mien, le tien, le sien, combien, vaurien, soutien, moyen, troyen, julien, benjamin, benjoin.

ail - **aille** - b*ail*, émail, détail, portail, camail, bercail, corail, éventail.

eil - **eille** - ort*eil*, soleil, sommeil, réveil, conseil, pareil, vermeil.

4. s - **z** - mai*s*on, raison, braise, framboise, groseille, emphase, physique.

ti - **si** - na*ti*on, ration, portion, production, création, ambition, minutie, partialité, impatienté, perdition, expédition, explication, extrême-onction.

gu - **g** - fi*gu*e, brigue, fatigué, guenon, guêpe, guimauve, guimpe, orgueil.

ç - **s** - re*ç*u, leçon, suçon, tronçon, suçoir, façade, limaçon, il prononça.

5. c - **s** - *c*eci, citron, cerise, ciseau, berceau, ciel, cendre, procession, cigale, cybèle, cymaise, cylindre, ceinture, quinconce, prévoyance, impatience.

Devant e, i : **g** - **j** - *g*enou, juge, giron, giroflée, général, girafe, gypse, gerbe, manger, plongeon, gerçure, horloger, boulanger, phalange, gendarme.

x - **z** - deu*x*ième, sixième, dixième ; -- gendre, guidon, sagesse, cicatrice.

Résumé des principales équivalences.

autorité, gaule, tonneau, chaufferette, bigarreau, payé, corroyeur, balayeur, pente, tempête, peigne, comprendre, emprunteur, nonpareille, complaire, soustraire, paysan, bouquet, berger, éteindre, madeleine, vitrail, écrivain, maintien, colombier, appareil, punaise, musique, guichet, langue, lycée, faïence, excellence, extravagance, phrase, glaçon, caleçon, encensoir, exception, cendrillon, gingembre, physicien, sixième, nez-coupé, ésaü, israël, héloïse, pinceau, bienfaiteur, allez, partez, chapeau, veau, chaudron, oranger, cerisier, attention, précaution, mensonge, marchandise.

OBSERVATION. Nous avons omis à dessein les autres équivalences ou valeurs exceptionnelles, parce que l'usage seul les fera connaître à l'élève lorsqu'il lira couramment.

Mézières, Typographie F. Devin, rue du Château.

Propriété DE L'AUTEUR.

NOUVELLE CITOLÉGIE DES ÉCOLES PRIMAIRES,
MÉTHODE PERFECTIONNÉE DE LECTURE.

P. DEFRANCE, INSTITUTEUR A Pure, près Carignan (Ardennes).

Résumé des Tableaux précédents.

PREMIER EXERCICE.

le bon père, le bouillon du malade, la chanson du gai troubadour, la porte du temple, le nez du cocher, la montagne volcanique, le sommeil paisible, l'orgue expressif, la loi de moïse, le phaéton embourbé, la beauté du ciel, la physique expérimentale, le soleil et la lune, le système métrique, le feu de l'enfer, la sentinelle vigilante, un ver de terre ; l'aigle et le corbeau, l'effet de la gelée, la semaine sainte, l'arbre de la science du bien et du mal, l'amour de dieu et du prochain, la naissance et l'enfance du sauveur, la retraite de l'employé civil, la pension viagère de l'ancien militaire, le guide du voyageur étranger, le gui du chêne, un gué sûr, la baisure du pain, le signe de la corruption du genre humain, le courage héroïque du martyr, un verre de cidre, le blasphème de l'impie, le mystère de l'adorable trinité, la cruauté du tyran, le rusé paysan, un prince magnanime, la fête solennelle de sainte cécile, le salaire de la peine, le chapelet de la bonne religieuse, le tonneau plein, le soufflet de la forge, le tuyau de la cheminée, le bec du perroquet, la façon de la blouse et du gilet, la pierre de taille, la paille de seigle, la toilette du marié, le portail de l'église, aimer la musique.

DEUXIÈME EXERCICE.

NOTA. Dites à l'élève que le mot *est* se prononce comme l'è ouvert, et faites-lui remarquer ce mot dans les phrases ci-dessous.

l'église *est* la maison de dieu. -- ce village *est* bien sain. -- la gueule de lion *est* une belle fleur. -- celui qui prie bien chaque matin et chaque soir, *est* béni de dieu. -- l'homme *est* l'image de la divinité, parce qu'il *est* capable de connaître et d'aimer son créateur. -- la vertu consiste à faire ce qui *est* bien et à fuir ce qui *est* mal. -- le pauvre voyageur a enduré la faim, la soif et la fatigue avec courage, avec résignation et avec patience. -- chaque jour de ta vie honore ton père et ta mère ; aime aussi ton semblable comme toi-même : c'est dieu lui-même qui te l'ordonne. -- adam est le nom du premier homme, ève est celui de la première femme. -- la félicité éternelle sera la récompense de celui qui aura bien observé la loi de dieu et celle de l'église. -- au dernier jour, on sera jugé sur chaque action bonne ou mauvaise que l'on aura faite. -- dieu est le souverain maître du ciel et de la terre. -- chassez l'ennui par le travail. -- aimez votre prochain, et soulagez-le lorsque l'occasion se présente. -- la désobéissance de notre premier père a été la cause du péché originel et de la concupiscence, qui en est la suite. -- l'homme a reçu la raison en partage. -- je préfère la langue d'un muet à celle d'un menteur. -- jacob a supplanté son frère ésaü. -- moïse a été le législateur de la nation juive. -- le péché mortel est puni par un supplice éternel. -- déci signifie dixième.

TROISIÈME EXERCICE.

A, B, C, D, E, F, G, H, I, J, K, L, M, N, O, P, Q, R, S, T, U, V, X, Y, Z.

Adolphe, Benjamin, Cécile, Delphine, Etienne, Frédéric, Gabriel, Hippolyte, Ignace, Joseph, Kléber, Louise, Marguerite, Noël, Octave, Paul, Quentin, Rosalie, Sophie, Théophile, Uranie, Victor, Xavier, Yon, Zoé. -- Dieu, Adam, Eve, la France, la Belgique, l'Angleterre, la Garonne, la Loire, Toulon, Marseille.

Mézières, Typographie F. Devin, rue du Château.

Propriété
DE
L'AUTEUR.

NOUVELLE CITOLÉGIE DES ÉCOLES PRIMAIRES,
MÉTHODE PERFECTIONNÉE DE LECTURE.

P. DEFRANCE,
INSTITUTEUR
A Pure, près Carignan
(Ardennes).

Lettres nulles.

Les lettres *nulles*, c'est-à-dire celles qui ne se prononcent pas, sont en *italiques*.

Du plom*b*, un ban*c*, un gon*d*, l'étan*g*, le dra*p*, un parpain*g*, mon fusi*l*, ton doig*t*, de la poi*x*, son sabo*t*, le sau*t*, une souri*s*, ma brebi*s*, un serpen*t*, le lou*p*, le renar*d*, le repo*s*, du taba*c*, le hasar*d*, le galo*p*, le printem*ps*, un t*h*ème, le r*h*ume, le c*h*œur, l'arc*h*ange, l'enfan*t* genti*l*, sain*t* Lauren*t*, Jésus-C*h*rist, longtem*ps*, beaucou*p*; — nous parton*s*, nous voyageon*s*, nous verron*s*; vous sorte*z*, vous chante*z*; ils sème*nt*, ils dorme*nt*, ils trafique*nt*, elles file*nt*, elles tricote*nt*, vo*s* sœur*s* couse*nt*, nos paren*ts* travaille*nt*, vo*s* frère*s* parle*nt*.

ces, des, les, mes, tes, ses, tu es.

Ce*s* solda*ts* courageu*x*, des étan*gs* profon*ds*, les dra*ps* blan*cs* du li*t*, des flo*ts* de san*g*, les œu*fs* de l'oie, me*s* vieu*x* sabo*ts*, te*s* gran*ds* paren*ts*, se*s* deu*x* fil*s*, des procè*s* ruineu*x*, dè*s* le matin, les belles fleur*s* des pré*s*. — Je sui*s* gran*d*, tu e*s* honteu*x*, Paul est genti*l*, nous sommes frian*ds*, vous êtes jalou*x*, Jules et Constan*t* sont pruden*ts*. — Les animau*x* domestiques son*t* véritablement no*s* serviteur*s* : le chien nous gar*de*, le cheval et l'âne nous traîne*nt* et porte*nt* no*s* provision*s*; les vache*s* nou*s* donne*nt* leur lai*t*, les brebi*s* leur toison, les poule*s* leurs œu*fs*. Il*s* ne save*nt* pas toujour*s* se défendre contre les mauvai*s* traiteme*nts* don*t* on les accable, car il*s* son*t* privé*s* de raison. Est-ce un motif pour les persécuter, pour les excéder de cou*ps*, pour les effrayer? Quoiqu'il*s* ne puisse*nt* se plaindre, croyez-vou*s*, mes enfan*ts*, qu'il*s* souffre*nt* moins? A quoi bon leur rendre leur sor*t* plu*s* misérable encore? Pourvu qu'il*s* obéisse*nt* à la main qui les condui*t*, n'est-ce pas assez? De quel droi*t* les tourmenteriez-vous? Serait-ce parce qu'il*s* ne vou*s* rende*nt* pa*s* le mal pour le mal? Ne vou*s* y fiez pas. Le chien le plu*s* soumi*s* fini*t* par se révolter contre la tyrannie de son maître et le mor*d*. L'animal le plu*s* faible et de l'humeur la plu*s* douce s'irrite quelquefois lorsqu'on le fai*t* souffrir, et il se venge cruelleme*nt*.

Défendez-vou*s* contre les bête*s* nuisible*s*. Quant à celle*s* qui vous serve*nt*, ménagez-les pour le bien qu'elles vous fon*t* et qu'elles peuve*nt* vou*s* faire encore. J'ai peur d'un enfan*t* qui pren*d* plaisir à tourmenter les animau*x*, je sui*s* persuadé qu'il a un mauvai*s* cœur.

Lecture courante.

L'enfant qui se corrige.

Un enfant, ami de la dissipation, prit enfin la résolution de fréquenter des enfants sages. Il fut touché de leur vertu, il les imita et se corrigea de ses mauvaises habitudes; il devint sobre, patient, laborieux, bienfaisant, aimable. Cependant sa nouvelle conduite, quoique digne d'éloges, n'était pas louée; on l'attribuait à de mauvais motifs; on semblait s'obstiner à le juger plutôt sur ce qu'il avait été que sur ce qu'il était réellement. Cette injustice lui faisait beaucoup de peine. Il alla déposer ses douleurs dans le cœur de son maître. « Mon ami, lui dit celui-ci, vous valez mieux que votre réputation; votre crainte de n'être pas ce que vous désirez, dit tout en votre faveur; rendez grâces à Dieu de la force qu'il vous a donnée; et sachez que celui-là est heureux qui peut dire : Mes ennemis censurent en moi des vices que je n'ai plus. Si vous êtes bon, qu'importe que les autres vous croient méchant? N'avez-vous pas, pour vous consoler, deux témoins de vos actions, Dieu et votre conscience? »

NOTA. Quand les élèves sauront parfaitement nos douze tableaux, on pourra en toute confiance leur mettre entre les mains un livre de *lecture courante* à l'usage de l'enfance, tel que le *Petit Catéchisme historique*, de l'abbé Fleury ; les *Contes*, de Dupont ; la *Petite Civilité chrétienne*, etc., etc.

Mézières, Typographie F. Devin, rue du Château.